からだが温まる とろみのレシピ

管理栄養士 吉澤まゆ

池田書店

はじめに

寒いのがとても苦手で、芯まで冷えたからだを温めたいときは、とろりと濃厚な粕汁を作ります。とろみのついた汁は冷めにくく、ゆっくりとからだに入ってきて、食べ終わるころにはポカポカと足の先まで温かになります。「とろり」とした料理はやわらかで、なんだかホッとするやさしさがあるなと思います。

「とろみ料理」と聞くと、片栗粉を使ったあんかけのような料理を想像する方が多いかもしれません。でも本書では「とろみ」をもっと幅広く捉えて、片栗粉だけでなく、素材をつぶしたり、煮込んだり、素材の粘りを利用したりした、いろいろなとろみ料理を紹介しています。

とろみ料理は、濃度があることで味が絡みやすくなったり、パラパラとした食材がまとまって食べやすくなったりします。なめらかでのど越しがよく、つややかな見た目は食欲をそそります。そして、適度なとろみは満足感を高めるとも言われています。こうした特徴をいかすと、カロリーを抑えた料理や、不調のときにからだをいたわる料理、減塩を意識した料理など、からだにやさしいとろみ料理を作ることができます。

また、調理の過程で食材から流れ出てしまううまみや栄養素をとろみで閉じ込めることもできます。あえて少ない水分でゆでたり蒸したりして汁をそのまま使ったり、加熱することで引き出される素材自体の水分にとろみをつければ、素材を丸ごといただくことができるのです。

とろみのよいところを利用して、からだにやさしいだけでなく、シンプルな食材で手軽においしく作れるレシピに仕上げました。毎日の食事作りにたくさん活用していただけたらうれしいです。

管理栄養士　吉澤まゆ

目次

煮込みおかず

汁もの

2章 不調のときにやさしいとろみ料理

うどんとおかゆ

季節のとろみ料理

3章 とろみでヘルシー ごはんと麺、おつまみ、たれ

4章

いろいろな食材にかけておいしい 減塩万能とろみあんかけ

とろみのデザート

本書を使う前に

- 片栗粉や葛粉のとろみのつき方は製品によって異なります。最初は少量ずつ試してください。
- 出汁《だし》はかつおと昆布でとったものを使用しています。
- 大さじ1は15mℓ、小さじ1は5mℓ、1合は180mℓです。
- 加熱時間は目安です。様子を見ながら調節してください。
- 栄養素の含有量とエネルギー量は文部科学省『日本食品標準成分表 2015年版（七訂）』をもとに算出しています。
- カロリー、塩分表示はとくに表記のない場合1人分です。

とろみ料理いろいろ

この本ではとろみをつけた料理がもりだくさん！
お好みの「とろみ」を楽しんでください。

全体をとろみで包む

煮汁や蒸し汁にとろみをつけて、全体をとろみで包むおかず。素材の栄養とおいしさがすべて詰まって、しかもジューシー。ごはんがすすみます！

ごはんや麺のあんかけに

ごはんやカリッと焼いた焼きそばにたっぷりかけるあんかけは、ワンプレートでも満足度大！　とろみがしっかり絡んで、たまらないおいしさです。

疲れたからだにはとろとろのおかゆやうどん

調子がすぐれないときに、とても食べやすいとろみ料理。おかゆはお米の自然なとろみでより一層やさしく感じ、心もからだも温まります。

おいしくていいことがいっぱいのとろみ料理。
次のページからもっと詳しく説明しています。

とろみのいいこと

とろみ料理を食べるとからだにうれしいことがいろいろ！
体感しやすい4つのポイントを紹介します。

point
1
からだが温まる

とろみのある温かい料理を食べると、からだがポカポカと温まります。これは、とろみで料理が冷めにくく、温かい状態でおなかに入るからと考えられます。からだが温まると、血行がよくなり、冷えによって起きていた不調が緩和されます。寒い季節だけでなく、夏でも冷房冷えなどに悩む人は多くいます。からだを温めたいと思っている人は、毎日の食事にとろみ料理を一品とり入れたり、ティータイムに葛湯を飲むのも、手軽でおすすめです。

・とろみは本当に温かさをキープする？→26ページ
・季節のとろみ料理→72ページ
・りんごジュースの葛湯→88ページ

point

2

のどを通りやすくなる

風邪などで食事をとるのが大変なとき、のどの調子が悪いときなどは、料理にとろみをつけると食感が心地よく感じます。発熱やほてりがあり、からだを冷ましたいときは、冷たいとろみ料理にするとよいでしょう。

また、ぱさつきやすい鶏むね肉や、繊維質、でんぷん質の野菜なども、とろみをつけると口あたりがよくなります（ただし、よく噛んでから飲み込みましょう）。高齢の方など、食べ物がのどにつかえやすい場合にも、とろみをつけると飲み込みやすくなります。

・不調のときにやさしいとろみ料理→64ページ

point

3

満足度が高まり食べすぎ防止効果も

とろみで包まれた料理はボリューム感が出るため、一品の満足度を高めることができます。また、蒸し煮料理の蒸し汁にとろみをつければ、食材に蒸し汁が絡んで、蒸し汁に溶け出した栄養素や素材のうまみも、すべていただくことができます。

野菜や、脂身の少ない肉の料理も、とろみをまとうことでジューシーに感じて、味の満足度が高まります。たとえば野菜たっぷりのあんかけ丼にしてごはんを少なめにすれば、ローカロリーで糖質も控えめの一食になります。

・低カロ・ワンプレートごはん↓92ページ

point

4

上手に使えば減塩に

煮汁や蒸し汁にとろみをつけると、食材によく絡む分、汁を多くいただくことになります。そのため、味つけによっては塩分を多くとりがちになりますが、うまみを上手に活用すれば逆に塩分を控えることができます。うまみがあると塩分を抑えても味のバランスがとりやすく、また、あんや煮汁がしっかりと絡めば素材に調味料を煮含ませなくてもおいしくいただけるため、結果的に減塩に。うまみをきかせるには出汁《だし》や出汁の出る食材を使うと手軽です。

・いろいろな食材にかけておいしい減塩万能とろみあんかけ
↓108ページ

とろみ剤いろいろ

家庭で使いやすい代表的なとろみ剤（とろみをつけるための材料）は、
片栗粉、葛粉、米粉の3つの粉。それぞれに特徴があります。

片《かた》栗《くり》粉《こ》

手軽に使えるとろみ剤で、もともとは片栗の根から作られていました。ですが、じゃがいもの栽培が盛んになったことから現在はじゃがいものでんぷんを精製した粉が一般的に使用されています。

でんぷんには液体にとろみをつける効果があり、そのため、片栗粉を使わなくても、じゃがいもなどのいも類や、同じくでんぷんを含む米などを煮込むと、でんぷんが溶け出て自然ととろみがつきます。

特徴

仕上がりは透明。なお、似た粉にコーンスターチがあり、これはとうもろこしのでんぷん。仕上がりは不透明で片栗粉に比べて粘度が低いこと、冷めても粘度が持続しやすい（固まる）ことが特徴で、カスタードクリームやブランマンジェなどに使われます。少量の使用で、透明感が必要ない場合は片栗粉の代用にしても。

使い方

水で溶いて煮汁や調味した出汁に加え、加熱しながら混ぜてとろみをつける（詳しくは16～19ページ）。

葛《くず》粉《こ》

葛というマメ科の植物の根を粉砕し、水にさらしてでんぷんを取り出し精製した粉。葛の根を掘るシーズンは冬。昔ながらの製法では厳しい寒さの中で乾燥させ、できあがりはもとの重さの1割未満。こうした理由から、一般的に片栗粉よりも高価です。葛粉100%のものを「本葛」、片栗粉等のでんぷんを混ぜたものを「葛」という場合もあります。

特徴

仕上がりは透明。冷めると白く濁り、ゼリー状に固まる。片栗粉よりもさらりとして上品なとろみ。

使い方

基本的に片栗粉と同様。葛の含有量によってとろみのつき具合が変わるため、手持ちの葛粉のとろみのつき具合を覚えるとよい（詳しくは16～19ページ）。

米《こめ》粉《こ》

製粉技術の向上によって近年作られるようになった微細米粉。グルテンフリーの注目度の高まりや、小麦アレルギーの場合の代用に適すること、もちもちとした食感が好まれることなどから、パンや麺作りにも利用されています。とろみ剤としては、白く濁るためシチューなどにルウの代わりに使うのがおすすめ。ダマになりにくく炒める手間もありません。

特徴

仕上がりは白く濁る。小麦粉のルウに比べてダマになりにくく、ホワイトソース（114ページ・ミルクあん）やシチュー（20ページ）に向く。

使い方

米粉に水や牛乳などの液体を加えてよく溶き、加熱しながら混ぜ続けてとろみをつける（詳しくは20～21ページ）。

水溶き片栗粉の作り方

とろみ剤の中でも手軽に使える片栗粉。
水で溶いた「水溶き片栗粉」は本書でもいろいろな料理に使っています。

[水で溶く]

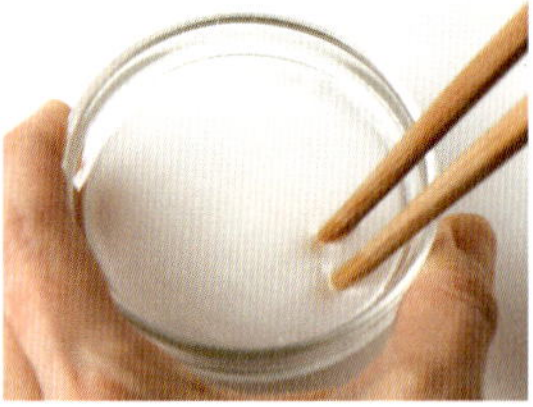

小皿に片栗粉を入れ、水を注いでダマにならないように混ぜる。調理の最初に作って粉に水を吸わせておき、使うときに再度混ぜる。

[はかる]

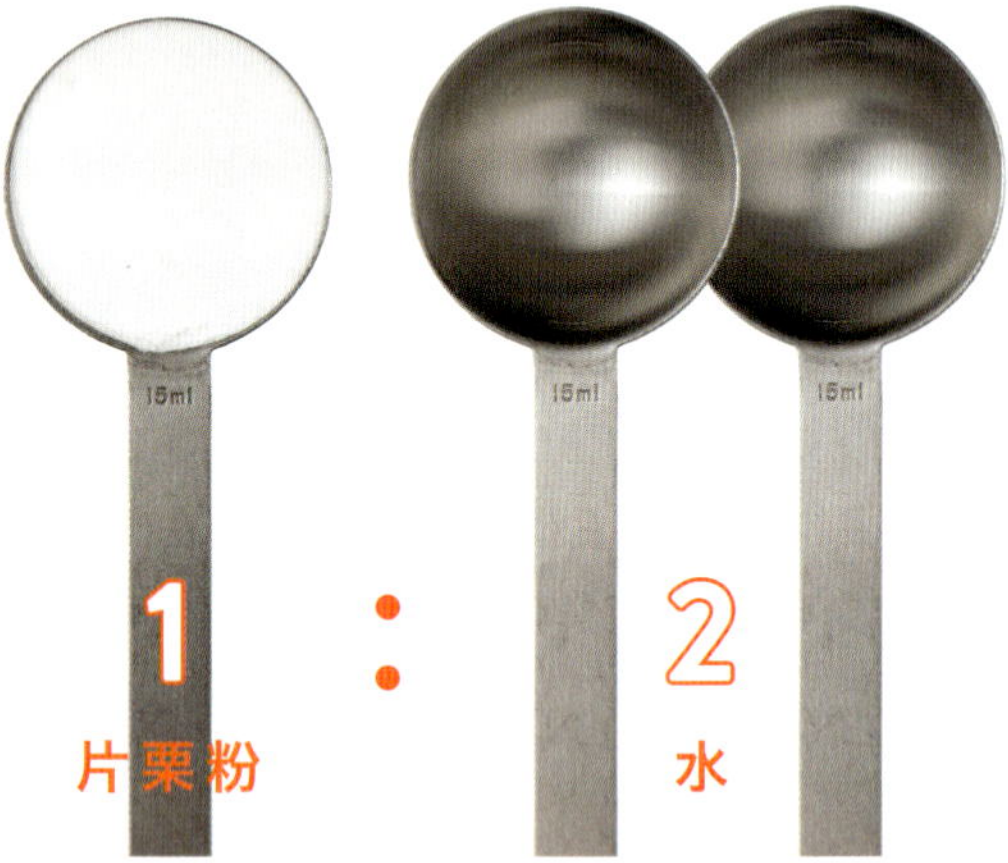

片栗粉と水は1:2
たとえば大さじ1の片栗粉に対しては、大さじ2の水が基本。どんな料理にも使いやすく、失敗しにくい割合です。水で汁の味が薄まるのが気になる場合は、冷めた汁を水の代わりに使うとよいでしょう。

葛粉はスプーンなどで大きなかたまりを砕いてからはかると計量ムラが少なくなります。

葛粉のときは

葛粉の場合も、水との割合は片栗粉と同じ1:2が基本。ただし、製品によってとろみのつき方が違うため、最初は多めに用意して様子を見ながら少しずつとろみづけし、ちょうどよい量を判断しましょう。

片栗粉の量ととろみ加減の目安

右記の割合で、温めた液体に水溶き片栗粉を加えて混ぜると、あんかけや、あんでとじるおかずにちょうどよいとろみ加減に。ただし、具材から出る水分や加熱時間、使用する調味料などでとろみ具合は変わるので、適宜調整を。

あんかけのとき

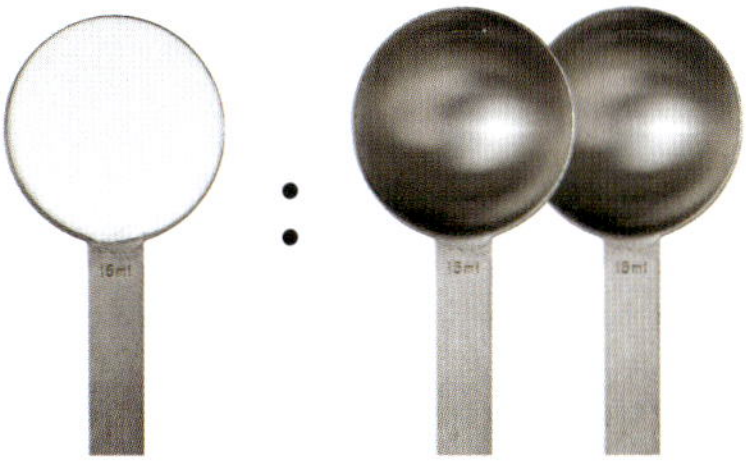

片栗粉
大さじ1

水
大さじ2

＋

200mℓの液体

スープにちょうどよいとろみ具合は、あんかけの場合よりも液体が倍量（水溶き片栗粉が1/2量）が目安。さらさらとして一見わかりづらいですが、混ぜたときにツヤがあればとろみがついています。

スープのとき

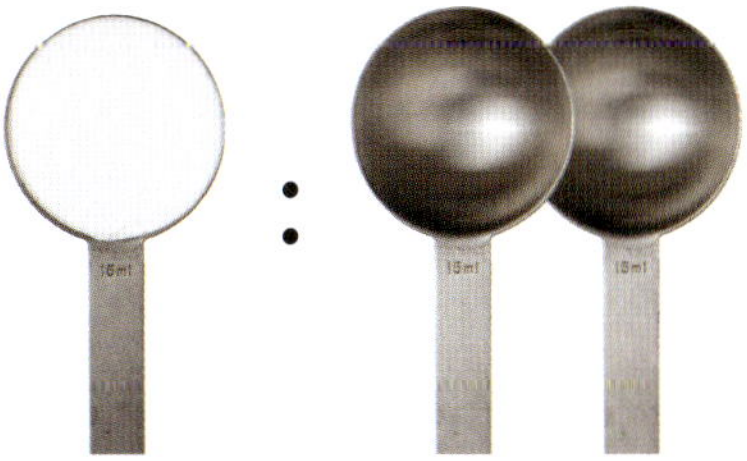

片栗粉
大さじ1

水
大さじ2

＋

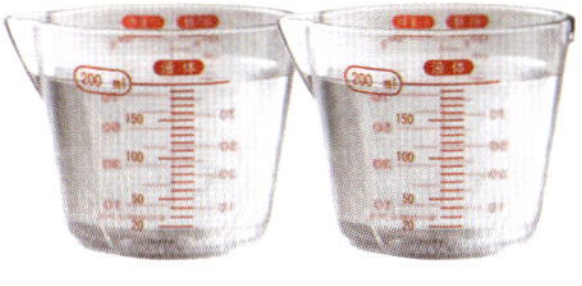

400mℓの液体

とろみのつけ方 片栗粉 葛粉

【万能！鶏そぼろあん】を例に

いろいろな素材にかけておかずが1品完成する、万能のあんかけです。ひき肉は野菜に比べて水分が出にくく失敗しにくいので、とろみづけの練習にもぴったり。

材料（2人分）

片栗粉 … 大さじ1（大さじ2の水で溶いておく）

鶏ひき肉 … 100g

酒 … 小さじ1

しょうが絞り汁 … 1片分

A
- 出汁 … 150mℓ
- しょうゆ … 小さじ1
- みりん … 大さじ1
- 塩 … 小さじ1/3

サラダ油 … 小さじ1

片栗粉の代わりに葛粉を使う場合は、少し多めに用意する。

＊155 kcal
（鶏そぼろあんのみ／1人分）

作り方

1

作業をスムーズにし、片栗粉に水を吸わせるために最初に水で溶きます。

片栗粉は水で溶いておく。葛粉の場合も同様。

2

アクが残るとあんがきれいに仕上がらないので取りましょう。

フライパンにサラダ油を熱し、鶏ひき肉をポロポロになるまで炒める。酒、しょうが絞り汁を加えてさらに炒める。Aを入れて煮立て、アクを取る。

3

ダマにならないように火を止めます。溶いた粉が沈むため混ぜてから加えます。

火を止めて水溶き片栗粉をまわし入れる。**＊葛粉は少量ずつ加え、様子を見る。**

4

このとき、火をつけなくても液体の温度である程度とろみがつきます。

素早くよく混ぜる。

5

片栗粉（葛粉）にしっかりと火を通すため、透明になってからも火にかけながら混ぜます。

混ぜながら弱火で30秒ほど加熱する。

6

火にかけすぎると煮詰まって濃度が変わってしまうので注意します。

完成。豆腐や蒸した野菜などにかけていただく。

とろみのつけ方 米粉【クリームシチュー】を例に

米粉は仕上がりの白いとろみ料理におすすめ。シチューの場合、あとから加える牛乳に溶いておきます。混ぜながら加熱するだけでとろみがつくので、ルウを作るよりも手軽です。

材料（2人分）

じゃがいも … 1個
にんじん … 1/2本
玉ねぎ … 1/2個
ブロッコリー … 1/4個
ベーコン（ハーフ） … 4枚
ローリエ … 1枚
水 … 300mℓ
牛乳 … 200mℓ
米粉 … 大さじ2

牛乳によく溶いておきます。

塩 … 小さじ1/2
こしょう … 少々
サラダ油 … 小さじ1

＊250 kcal

作り方

1

じゃがいも、にんじんは乱切りにする。玉ねぎはくし形切りにする。ブロッコリーは小房に分ける。ベーコンは食べやすい幅に切る。

2

鍋にサラダ油を熱し、弱火で玉ねぎを炒める。透き通ってきたらじゃがいも、にんじんを加え、油がまわったら、ベーコン、ローリエ、分量の水を加えて具材がやわらかくなるまで煮込む。

3

ダマにならないようにしっかり溶きます。

煮込む間に米粉を牛乳で溶いておく。米粉に牛乳を少量加えてダマにならないように溶き、残りの牛乳を加えてのばす。

4

米粉が多少沈むため、混ぜてから加えます。火は止めなくてOK。

米粉を溶いた牛乳を加える。

5

全体にムラなく火が通るように混ぜながら加熱します。

混ぜながらとろみがつくまで弱火で煮る。途中とろみがついてきたらブロッコリーを加える。

6

米粉に火が通るととろみがつきます。

とろみがついたら完成。塩、こしょうで味をととのえる。

素材の力でとろみづけ

とろみづけの材料は粉以外にも。素材の自然なとろみも楽しみましょう。

煮込んでとろとろ でんぷん食材

14ページで紹介したように、片栗粉の原料はじゃがいものでんぷんです。でんぷんを含む食材はいろいろあり、たとえば、かぼちゃ、れんこん、レンズ豆や小豆などの豆、米など。水や出汁で煮るとでんぷんが溶け出してとろみがつきます。水溶き片栗粉を使わなくても自然なとろみが楽しめるというわけです。れんこんは目の細かいおろし金ですりおろして使うのがポイント。レンズ豆は皮なしタイプが煮崩れやすくとろみになります。いずれも煮すぎると形がなくなるので、適度なところで仕上げましょう。

あと入れでとろとろ
食材いろいろ

食材にもともと粘りやぬめり、とろみがある場合、それらを利用して料理にとろみをつけられます。長いもや納豆は加熱しすぎると粘りが弱まるため、生か軽く加熱する程度がおすすめです。めかぶやもずくなどの海藻類や、なめこ、オクラ、納豆などのネバネバ系食材は、不足しがちな水溶性植物繊維を多く含みます。食物繊維は腸内環境を整えたり、血糖値の急激な上昇を抑える作用もあります。ヨーグルトは商品によってとろみ具合が違うので、好みのものを使うとよいでしょう。

とろみ料理を

おいしく作るコツ

少しの工夫で、とろみ料理がぐんとおいしくヘルシーになります！

うまみ食材と組み合わせる

料理にとろみをつけると、素材に絡む汁が多くなる分、塩分も多くとってしまう場合があります。そこでとり入れたいのが、うまみです。うまみがあると塩分を控えてもおいしく感じ、味にふくらみが生まれて満足感が高まります。かつおや昆布の出汁を使うだけでなく、食材からも、蒸し汁や煮汁にうまみが溶け出します。うまみの強い食材は、肉、魚介全般と、トマト、玉ねぎ、きのこなど。上手に組み合わせて、とろみ料理を楽しみましょう。

とろみをつける前に味つけする

とろみをつけたあとに調味料を加えると全体にまわらず、味が偏ってしまいがちです。とくに、あん状の強めのとろみをつける場合は要注意。味つけはとろみをつける前に決めましょう。

理想より少しゆるめに仕上げる

片栗粉や葛のとろみは、できたての熱々よりも、少し冷めると固くなります。そのため、理想のできあがりよりも少しゆるめに仕上げると、盛りつけてからちょうどよいとろみ加減に。ただし、時間がたつと素材（とくに野菜）から出る水分によりとろみが失われることがあるので、作った分は食べきるのが基本です。

とろみと合わせて！

からだにうれしい食材

素材の力で、とろみ料理をもっとヘルシーに！

とろみ＋野菜・肉・魚介
→栄養素を逃さずに

蒸し煮や煮物などの煮汁には、食材に含まれる水溶性ビタミンやカリウムなどの栄養素が溶け出しています。蒸し汁・煮汁にとろみをつけて、こうした栄養素を逃さずいただきましょう。水溶性のビタミンCが多いのは、キャベツやブロッコリー、白菜、パプリカ、じゃがいもなど。カリウムを含む食品は幅広く、とくに野菜、いも、果物などの植物性の食品に多く含まれます。

とろみ＋温め食材
→ダブルでぽかぽか

からだを温めるとろみ料理。温め食材を使えば、効果をさらに強化できます。使いやすいのはしょうが。すりおろしやせん切りをあんや煮汁に混ぜたり、仕上げに添えましょう。しょうがの香り成分は皮のすぐ下に豊富に含まれるので、できれば皮ごと使うのがおすすめ。シナモンや八角などのスパイスもからだを温めると言われるので、気軽に葛湯にプラスしてもよいでしょう（88ページ）。

とろみ＋旬の食材
→からだにやさしく

旬の食材は季節ごとのからだの不調にきき、栄養価も高いと言われるので、積極的に食事にとり入れたいもの。秋冬に旬を迎える根菜はでんぷん質を多く含むので、煮込みなどの温かい料理で自然なとろみを楽しむのもおすすめです。夏が旬の食材も、あんでとじるだけでなく、トマトを煮込んだり（110ページ）、なすをすりつぶしたり（102ページ）すると、素材のとろみをいかした料理が作れます。

とろみ＋発酵食品・食物繊維
→腸内環境を整える

発酵食品に含まれる乳酸菌などの善玉菌には、腸内環境を整える働きがあります。便通の改善や免疫力の向上が期待でき、納豆やヨーグルト、酒粕などはとろみ食材としても活用できます（納豆→73ページ、甘酒→123ページ、ヨーグルト・酒粕→75ページなど）。また、野菜やきのこの食物繊維も腸内環境の改善に効果的です。すりつぶすととろみがつくので、ポタージュやディップにするのもおすすめです（80、100ページなど）。

experiment

とろみは本当に温かさをキープする？

冷めにくいイメージのあるとろみ料理ですが、実際、どのくらい温かさをキープできるのか、実験をしてみました。

※見やすいように色をつけています。

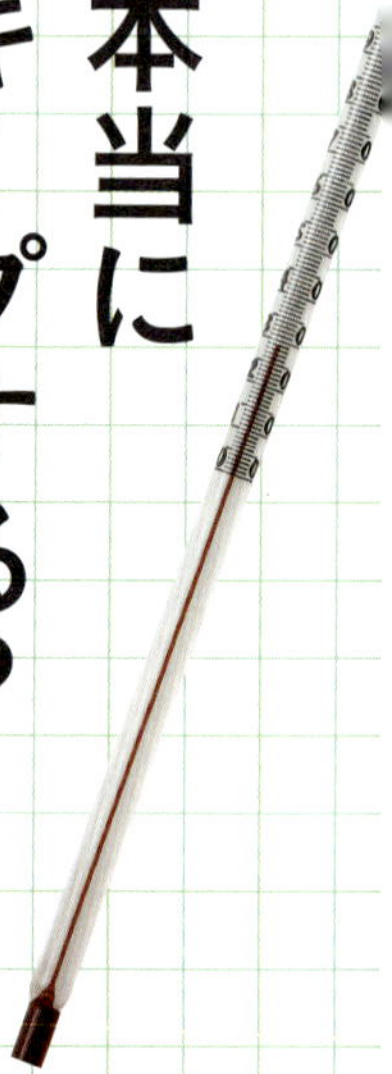

実験方法

つぎの3つを作り、それぞれ作りたて、10分後、20分後、30分後の温度をはかりました。

A 普通のお湯100mℓ（沸かしたもの）

B 片栗粉大さじ1/2を倍量の水で溶いたものでとろみをつけたお湯100mℓ

C 葛粉大さじ1/2を倍量の水で溶いたものでとろみをつけたお湯100mℓ

A

普通のお湯

B

片栗粉でとろみをつけたお湯

＼とろみが強め／

C

葛粉でとろみをつけたお湯

＼とろみがゆるめ／

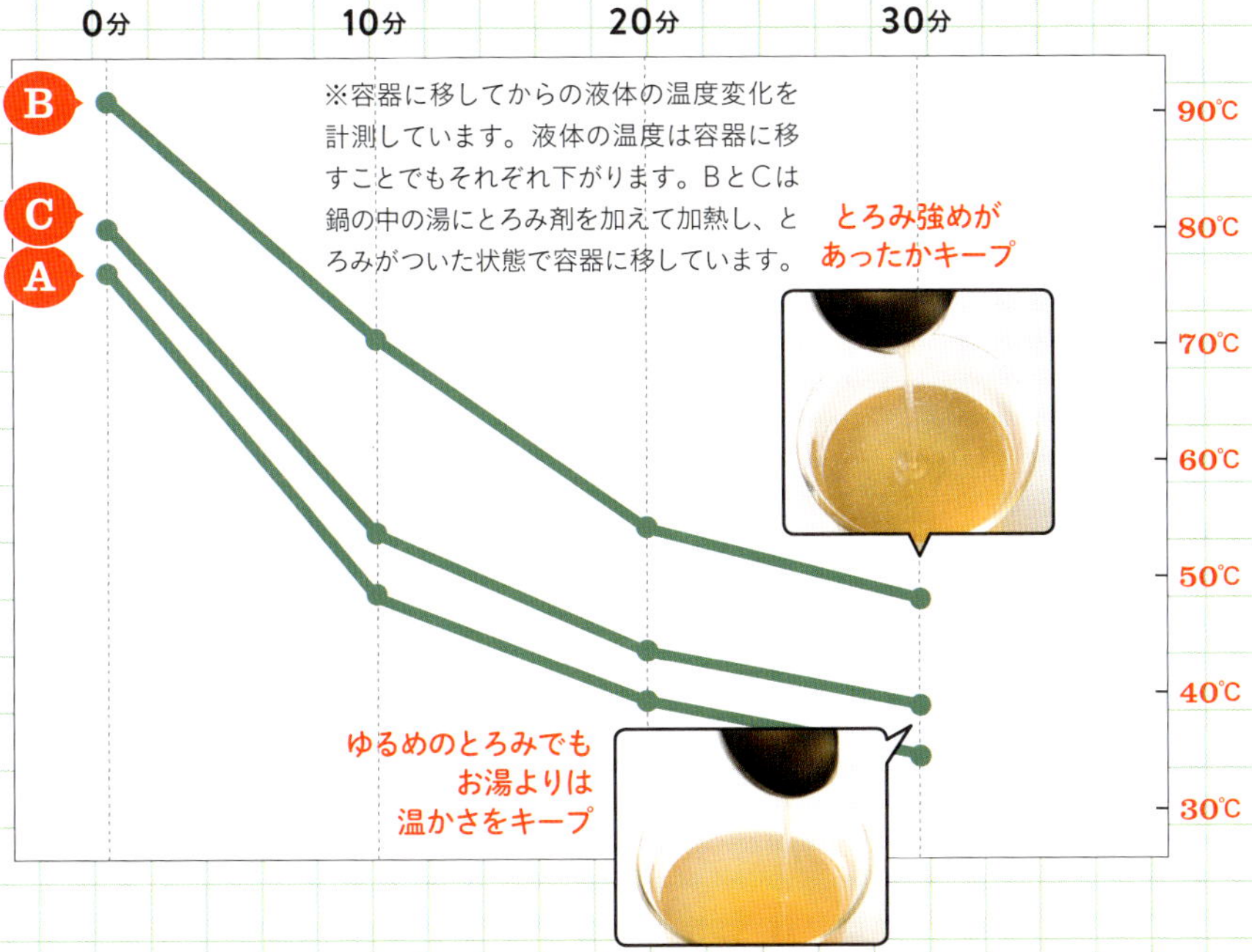
0分
10分
20分
30分
B
C
A
※容器に移してからの液体の温度変化を計測しています。液体の温度は容器に移すことでもそれぞれ下がります。BとCは鍋の中の湯にとろみ剤を加えて加熱し、とろみがついた状態で容器に移しています。
とろみ強めがあったかキープ
ゆるめのとろみでもお湯よりは温かさをキープ
90℃
80℃
70℃
60℃
50℃
40℃
30℃

result

とろみが強いほど温度をキープ

一番高い温度をキープしたのは、片栗粉でとろみをつけたお湯でした。30分経過時点でのとろみ具合は上の写真のとおり。片栗粉のほうがとろみが強く※、とろみの強さが温度の保持に関係していると考えられます。液体の温度が外気温よりも高い場合、外気温と同じ温度になろうとして冷めた部分は下に、熱い部分は上へと流動し徐々に外気温と同じ温度になっていきます。ですが、とろみがついているとその動きがにぶくなります。とろみの料理も、こうした理由で冷めにくいというわけです。

※実験は同量の片栗粉と葛粉を使用。それぞれとろみのつきかたは製品により異なる。

1章

いつものおかずにとろみをいかす

とろみをつけた、ボリュームたっぷりのおかずです。あんのうまみで、身近な食材も新しいおいしさに！　素材の自然なとろみをいかせば、定番おかずもヘルシーになります。

肉のおかず

豚肉とキャベツのとろみ蒸し

うまみと甘みの溶け出した蒸し汁が素材にとろりと絡みます。

材料（2人分）

豚こま肉 … 200g
キャベツ … 1/3個
小ねぎ … 2〜3本
水 … 150mℓ
酒 … 大さじ1
しょうゆ … 大さじ1と1/2
片栗粉 … 大さじ1（水大さじ2で溶いておく）

とろみは片栗粉

作り方

1 キャベツはひと口大にちぎり、芯の部分は包丁で薄く削ぐ。小ねぎは5cmほどの長さに切る。

2 フライパンにキャベツをしき、その上に豚こま肉を広げる。分量の水を入れ、肉の上から酒、しょうゆをかけ、蓋をして弱火で10分ほど蒸し煮にする。途中、豚肉の色が白く変わってきたら全体を混ぜる。

3 キャベツがやわらかくなったら、小ねぎを加えてひと混ぜし、水溶き片栗粉でとろみをつける。

＊295 kcal

2

キャベツはビタミンCが豊富。蒸し汁に溶け出した栄養も逃さずいただきましょう。

MEMO

このレシピはとろみがゆるめです。水溶き片栗粉を増やしてしっかりとろみをつければ、丼にもおすすめ。

しっとり鶏むね肉のとろみ煮

片栗粉をまぶして煮るから
鶏むね肉がしっとりジューシー！

材料（2人分）

鶏むね肉 … 1枚（250g）
片栗粉 … 大さじ2
大根 … 4cm（100g）
にんじん … 4cm
小松菜 … 1株
しょうが … 1片
水 … 300㎖
塩 … 小さじ1/2

とろみは片栗粉

作り方

1 大根は4cm長さの短冊切り、にんじんは4cm長さの細切りにする。小松菜は4cm長さに切る。しょうがはせん切りにする。

2 鶏むね肉は食べやすい大きさの削ぎ切りにして水気をふき、塩少々（分量外）をふって片栗粉をまぶす。

3 鍋に分量の水、大根、にんじんを入れて煮る。沸騰してきたら鶏肉、塩を加えて弱めの中火で煮る。

4 鶏肉に火が通ったら小松菜、しょうがを加えてひと煮する。

＊227 kcal

MEMO

肉にまぶした片栗粉で煮汁にもとろみがつきます。しっかりとしたとろみがお好みだったら、仕上げに水溶き片栗粉を追加しても。

エスニック肉団子のおろしれんこん煮

ナンプラー風味のあんがしっかり絡んでやみつきのおいしさ！

材料（2人分）

豚ひき肉 … 200g

A
- 酒 … 大さじ2
- しょうが（すりおろし）… 1片分
- ナンプラー … 大さじ1
- パン粉 … 大さじ2

玉ねぎ … 1/4個

パクチー … 1株

れんこん … 100g　とろみはれんこん

水 … 150mℓ

酒 … 大さじ1

塩 … 適量

こしょう … 少々

片栗粉 … 大さじ1/2（水大さじ1で溶いておく）　片栗粉のとろみはお好みで

作り方

1 玉ねぎはみじん切りにする。パクチーは葉を摘み（とっておく）、茎とあれば根は小口切りにする。れんこんは約30gを粗みじんに切り、残りは**4**で鍋に入れる直前にすりおろす。

2 ひき肉に**A**を上から順に加え、そのつどよく混ぜる。**1**の玉ねぎとパクチーの茎と根、れんこんの粗みじん切りも加えて混ぜ、12個に丸める。

3 鍋に分量の水を沸かし、酒を加えて**2**を入れる。再沸騰したら弱火にし、蓋をして5分ほど煮込んで肉団子に火を通す。

4 塩、こしょうで味をととのえ、れんこんをおろして加え、とろみが出るまで2〜3分煮る。好みで水溶き片栗粉でとろみをつける。

5 器に盛り、パクチーの葉を添える。

＊339 kcal

4

MEMO

やさしいとろみが好みの場合は片栗粉を使わなくてもOKです。

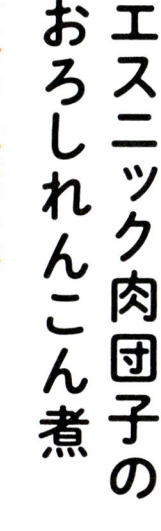

豚しゃぶのとろろあんかけ

ゆで汁に溶け出た豚肉のうまみを
とろろのとろみでとじ込めます！

材料（2人分）

豚薄切り肉 … 200g
レタスの葉 … 3枚
長いも … 100g
酒 … 大さじ1
塩 … 小さじ1/3

とろみは長いも

作り方

1 鍋に湯（分量外）を沸かして酒を入れ、ちぎったレタスをサッとゆでる。続いて豚肉をゆで、ともに水分をしっかりきっておく。

2 **1**のゆで汁100mℓを煮立て、アクを取り、塩で調味する。

3 火を止めて長いものすりおろしを加え、火にかけてひと煮する。

4 器に**1**を盛り、**3**をかける。

＊272 kcal

3

MEMO

ゆで汁は一度ザルや茶こしを使って漉すとさらに白くて美しいソースになります。長いもは加熱しすぎると食感が変わるので、すりおろしを入れたあとは温める程度に加熱しましょう。

さらりとして食べやすい粘りの長いも。強い粘りがお好みなら、やまといもを使っても。

魚のおかず

ぶりのおろし大根煮

味つけした大根おろしがとろみで絡んで、
煮込まなくてもぶり大根のおいしさ！

材料（2人分）

ぶり（切り身）… 2切れ
片栗粉 … 大さじ1

とろみは片栗粉と大根おろし

A
- **大根 … 6cm（150g）**
- 酒 … 大さじ1
- しょうゆ … 大さじ1
- みりん … 大さじ1
- しょうが … 1片

サラダ油 … 大さじ1
しょうが（好みで）… 適量

作り方

1. ぶりは全体に塩少々（分量外）をふり、10分ほどおいて水気をキッチンペーパーでふき取る。
2. Aの大根、しょうがはすりおろす（汁も使うので捨てないこと）。Aは合わせておく。
3. ぶり全体に片栗粉をまぶす。フライパンにサラダ油を熱し、ぶりを両面こんがりと焼く。Aを注ぎ、とろみがつくまで煮る。器に盛り、好みですりおろしたしょうがを添える。

＊328 kcal

3

MEMO

ぶりにまぶした片栗粉と、大根おろしの自然のとろみでやさしい口あたりに。たらやさばなどの魚でもおいしく作れます。

鰯とごぼうのさっと煮 梅とろソース

あんで味を絡ませるから、サッと煮るだけで完成！

材料（2人分）

鰯 … 2尾
ごぼう … 1/2本
A ┌ 水 … 100mℓ
　│ 酒 … 大さじ1
　└ しょうゆ … 小さじ1
梅干し … 1個
片栗粉 … 小さじ1（水小さじ2で溶いておく）
ごま油 … 小さじ1

とろみは片栗粉

作り方

1 鰯は頭と内臓を取り除いて水洗いし、ぶつ切りにして塩少々（分量外）をふって10分ほどおき、水分をふく。ごぼうは大きめのささがきにする。

2 鍋にごま油を熱し、ごぼうを炒める。

3 **A**と2〜3切れにちぎった梅干しを加えて煮立てる。ごぼうを鍋の端に寄せて鰯を入れ、落とし蓋をして弱火で5分ほど煮る。

4 器に具材を盛りつける。煮汁に水溶き片栗粉をまわし入れ、とろみをつけて具材にかける。

＊198 kcal

3

MEMO

最初に鰯に塩をふるのは、余分な水分と臭みを抜くため。煮汁に臭みが出ず、梅干しの風味でさっぱりといただけます。

野菜のおかず

ブロッコリーのかにあん

やさしいうまみのあんには
ブロッコリーの栄養もたっぷり！

材料（2人分）

ブロッコリー … 1/2個
水 … 150mℓ
かにほぐし身（缶詰）… 小1缶（50g）
酒 … 大さじ1
塩 … 適量
片栗粉 … 大さじ1（大さじ2の水で溶いておく）

とろみは
片栗粉

作り方

1 ブロッコリーは小房に分ける。

2 鍋にブロッコリー、分量の水を入れて蓋をして弱めの中火で3分ほど蒸し煮にする。

3 かに（汁ごと）、酒を加えてひと混ぜし、塩で味をととのえる。

4 水溶き片栗粉をまわし入れてダマにならないように混ぜ、とろみがついてきたら30秒ほど加熱する。

＊62 kcal

2

MEMO

ゆでずに蒸し煮にすることで、ブロッコリーに豊富に含まれるビタミンCなどの栄養素やうまみも逃さずいただけます。

トマトの中華風卵とじ

トマトの酸味に卵のコクととろみがよく合って
いくらでも食べられそうなおいしさ！

材料（2〜3人分）

トマト … 2個

卵 … 2個

とろみは
卵と片栗粉

A
- 水 … 100mℓ
- しょうゆ … 小さじ1
- 塩 … 少々
- **片栗粉 … 小さじ1/2**

ごま油 … 小さじ1

作り方

1 トマトはくし形切りにする。卵は溶きほぐす。Aは合わせておく。

2 フライパンにごま油を熱し、トマトを強火でサッと炒める。

3 Aを混ぜてから2に加えてひと煮してとろみをつけ、卵を加えて全体を大きく混ぜる。

＊142 kcal（1/2量）

3

溶いた卵は、とろみをつけた煮汁に流し入れるとやわらかく固まります。

MEMO

トマトも卵もサッと火を通すのがポイント。合わせ調味料は必ず事前に合わせておき、調理をスムーズにしましょう。ごはんにかけてもおいしくいただけます。

煮込みおかず

餅と厚揚げのキムチ煮

餅から溶け出した自然なとろみで
味がしっかり絡まります。

材料（2〜3人分）

厚揚げ … 1パック（280g）
切り餅 … 2個
とろみは餅
チンゲンサイ … 1株
白菜キムチ … 200g
水 … 200mℓ
みそ … 小さじ1

作り方

1 厚揚げはひと口大に切る。餅は半分に切る。

2 チンゲンサイは縦6〜8等分に切り分ける。

3 フライパンに厚揚げ、餅、キムチ、分量の水を入れ、みそを溶き入れる。弱めの中火にかけて途中混ぜながら、餅がやわらかくなりとろりとしてくるまで5〜10分煮る。

4 チンゲンサイを加え、サッと煮る。

＊384 kcal

お米で作られる餅は、煮込むとでんぷんが溶け出して煮汁がとろとろに。おかずのボリュームアップにも。

MEMO

あまり煮込みすぎると餅がすべて溶けてしまいます。適度にとろみがついたら仕上げましょう。作りおきする場合、冷蔵庫で冷えると餅がかたくなり全体も固まります。再加熱は電子レンジがおすすめです。鍋で温める場合は少量の水を足してください。

レンズ豆とウインナーの煮込み

とろとろに煮込んだレンズ豆に、
ウインナーソーセージのうまみをたっぷり吸わせて。

材料(2人分)

ウインナーソーセージ … 4本
セロリ … 1/4本
玉ねぎ … 1/2個
にんにく … 1片
レンズ豆(皮なし) … 100g
とろみは
レンズ豆
塩 … 適量
こしょう … 少々
オリーブオイル … 小さじ1
イタリアンパセリ(好みで) … 適量

作り方

1 ウインナーは斜め半分に切る。セロリ、玉ねぎはみじん切りにする。にんにくはつぶす。レンズ豆はサッと洗う。

2 フライパンにオリーブオイルを熱し、中火で玉ねぎを炒める。透き通ってきたらセロリ、レンズ豆、にんにく、ウインナーを加えて混ぜ、材料がかぶるくらいの水(分量外)を注ぐ。沸騰したらアクを取り、弱火で煮込む。

3 レンズ豆がやわらかくなり煮崩れてきたら、中火で焦げつかないように混ぜながら、好みの加減まで煮詰める。塩、こしょうで味をととのえる。

4 器に盛り、好みでイタリアンパセリを添える。

＊347 kcal

レンズ豆は皮なしを使用すると、煮崩れてとろとろに。

MEMO

煮込み途中はレンズ豆がやわらかくなるまで、ひたひたより少し多めの水分量をキープ。水分が足りないようなら足してください。

豚肉とかぼちゃのとろり煮

蒸し汁に溶け出した肉と野菜のうまみが、煮崩れたかぼちゃのとろみでひとつになります。

材料（2人分）

豚ロース肉（とんかつ用）… 200g
かぼちゃ … 1/8個
玉ねぎ … 1/2個
トマト … 1個
水 … 50mℓ
酒 … 50mℓ
塩 … 適量
サラダ油 … 小さじ1

とろみはかぼちゃ

作り方

1 豚肉はひと口大に切り、塩少々（分量外）をふる。かぼちゃは種とわたを除き、皮を所々削ぎ、約4cm角に切る。玉ねぎはくし形切りにする。トマトは4等分のくし形切りにする。

2 フライパンにサラダ油を熱し、強火で豚肉の両面に焼き色をつける。塩以外の残りの材料をすべて加え、蓋をして弱めの中火で蒸し焼きにする。

3 かぼちゃがやわらかくなったら蓋を取り、塩で味をととのえる。かぼちゃが煮崩れてとろりとするまで、中火で焦げつかないように混ぜながら煮詰める。

＊391 kcal

かぼちゃは煮込むとでんぷんが溶け出して煮汁にとろみがつきます。煮崩れ始めると一気にやわらかくなり形がなくなるので注意を。

MEMO

豚肉はブロック肉を切り分けて使ってもOK。冷めてもおいしいおかずです。冷めるととろみが固まるので、煮詰める際に少しゆるめに加減してください。

里いものグラタン

里いものやさしいとろみで、
食べ応えはあるのにやさしい口あたりです。

材料（2人分）

里いも … 4〜5個

とろみは
里いも

玉ねぎ … 1/4個
ベーコン（ハーフ）… 2枚
牛乳 … 300mℓ
塩 … 少々
こしょう … 少々
サラダ油 … 小さじ1
チーズ（溶けるタイプ）… 適量

作り方

1 里いもは皮をむいて5mm程度の薄切りにする。玉ねぎは薄切りにする。ベーコンは短冊切りにする。

2 フライパンにサラダ油を熱し、玉ねぎを加えて透明感が出るまで中火で炒める。

3 里いも、牛乳、ベーコンを加えて弱めの中火で煮る。里いもがやわらかくなり、とろりとしてくるまで煮詰める。塩、こしょうで味をととのえる。

4 耐熱容器に入れ、チーズをかけてオーブントースターで焼き色がつくまで焼く。

＊248 kcal

3

MEMO

ホワイトソースを使わないので、油脂が控えめのヘルシーグラタン。チーズはピザ用チーズや粉チーズ、お好みのナチュラルチーズ（チェダー、グリュイエールなど）でもおいしく作れます。

粘り成分がとろみのもと。和食の煮物ではぬめりを取ることもありますが、ここではそれをいかします。

ヨーグルトチキンカレー

ルウも水も使わず、ヨーグルトと野菜の自然なとろみで仕上げるヘルシーカレーです。

材料(2人分)

鶏もも肉 … 200g
A ［塩 … 小さじ1/3
　 カレー粉 … 大さじ1と1/2
にんにく … 1片
しょうが … 1片
玉ねぎ … 1個
トマト水煮(缶詰) … 1/2缶(200g)
プレーンヨーグルト(無糖) … 1/2パック(200g)
塩 … 適量
サラダ油 … 大さじ1
温かいごはん … 2人分(400g)

とろみはトマトとヨーグルト

作り方

1 鶏もも肉は小さめのひと口大に切り、**A**をまぶして30分以上おく。にんにく、しょうがはすりおろす。玉ねぎは縦半分に切り、さらに横半分に切って(根側と頭側に分かれる)、繊維に沿って薄切りにする。

2 フライパンにサラダ油を熱し、中火で玉ねぎが薄茶色になるまで炒めたら、にんにくとしょうがを加えて香りが立つまで炒める。

3 トマトをつぶしながら加え、汁気がなくなりねっとりとするまで炒める。

4 鶏もも肉を加えて炒め、表面の色が変わったらヨーグルトを加えて全体を混ぜる。蓋をして弱火で5〜6分煮込み、鶏肉に火が通ったら、塩で味をととのえる。

5 器にごはんを盛り、**4**をかける。

＊776 kcal

MEMO

スパイシーなカレーがお好みなら、できあがりにガラムマサラ少々をふるのもおすすめです。

汁もの

ネバネバ素材のとろみ味噌汁

お味噌汁なら、毎日の食事で気軽にとろみを楽しめます。

材料（2人分）

オクラ … 2本
長いも … 100g
めかぶ … 40g
出汁 … 400mℓ
みそ … 大さじ1と1/2

とろみはネバネバ素材

作り方

1 オクラは小口切りにする。長いもはすりおろし、めかぶとともに椀に盛る。

2 鍋に出汁を沸かし、**1**のオクラをサッと煮てみそを溶かす。

3 **1**の椀に**2**をそっとよそう。

＊68 kcal

＼ネバネバ食材はお好みのものを／

オクラ
（出汁でサッと煮る）

長いものすりおろし
（そのままでも
サッと煮てもOK）

めかぶ
（そのままでも
サッと煮てもOK）

もずく
（そのままでも
サッと煮てもOK）

なめこ
（出汁でサッと煮る）

納豆
（そのままでも
サッと煮てもOK）

MEMO

長いもは加熱しすぎると食感が変わるため、先に器に盛ります。熱々を楽しみたければ、みそを溶かすタイミングで長いもを鍋に加え、煮えばなをどうぞ。

粕汁

酒粕とほんのり甘い白みそで、からだがじんわり温まります。

材料（2人分）

大根 … 4cm（100g）
にんじん … 1/3本
里いも … 小2個
長ねぎ … 10cm
生鮭（切り身） … 1切れ
出汁 … 400mℓ
酒粕 … 50g
白みそ … 大さじ2

とろみは酒粕、白みそ

作り方

1 大根、にんじんはいちょう切り（にんじんの細い部分は輪切り）にする。里いもは食べやすい大きさに、長ねぎは1cm幅に切る。鮭はひと口大に切る。

2 鍋に出汁、**1**の野菜を入れて食材がやわらかくなるまで煮る。酒粕は温まった出汁少量と合わせてやわらかくふやかしてから溶いておく。

3 鍋に溶いた酒粕、鮭を加え、弱火で5分ほど煮る。

4 火を止めてみそを溶き入れる。

＊188 kcal

3

MEMO

みその風味を一番楽しめるのは煮えばなです。白みそがなければほかの味噌でもOK。その場合、塩分量が違うので量を調節してください（少なめに）。

酒粕はたんぱく質や、ビタミンなどの栄養を豊富に含みます。

きのこのサンラータン

なめこの粘りだけで作る、
すっぱくて少し辛いとろみのスープです。

材料（2人分）

- **なめこ … 1袋（100g）**
  とろみは なめこ
- しめじ … 30g
- しいたけ … 2個
- えのきたけ … 50g
- 水 … 300mℓ
- 鶏がらスープの素 … 小さじ1/2
- 黒酢 … 50mℓ
- しょうゆ … 大さじ1/2
- 塩 … 少々
- こしょう … 少々
- ラー油 … 適量

作り方

1. なめこは洗って水気をきる。そのほかのきのこ類は食べやすい大きさに切る。
2. 鍋に分量の水、鶏がらスープの素、**1**を入れて火にかけ、きのこに火が通ったら黒酢、しょうゆを加えてひと煮する。塩、こしょうで味をととのえる。
3. 器に盛り、ラー油をかける。

＊39 kcal

MEMO

なめこ以外のきのこは好みのものでOK。合わせて100gほど用意してください。

エスニック豆乳スープ

レモンの酸味がさわやかなエスニック風スープ。
とろとろのやさしい口あたりです。

材料（2人分）

成分無調整豆乳 … 300mℓ

とろみは豆乳＋レモン汁

しめじ … 1/2パック

干しえび（または桜えび）… 小さじ2

ナンプラー … 小さじ2

レモン汁 … 小さじ2

パクチー … 適量

作り方

1 しめじは小房に分ける。深めの器にナンプラー、レモン汁を小さじ1ずつ入れておく。

2 鍋に豆乳、しめじ、干しえびを入れ、弱火で沸騰直前まで温める。

3 **1**の器に流し入れ、軽く混ぜる。パクチーを添える。

＊80 kcal

MEMO

豆乳にレモンを加えると酸で凝固してとろみがつきます。お好みでレモンの量を少し増やすと、豆乳が分離して豆腐のようなかたまりができて、それもまたおいしいです。

和食のあんの基本 銀あん

出汁を塩、しょうゆで調味してとろみをつける銀あん。
シンプルな素材にかけるだけで、上品な一品に。

がんもどきの銀あんがけ

銀あんのとろみとうまみが、やさしい味によく合います。
豆腐や季節の蒸し野菜などにもおすすめです。

銀あんの材料（作りやすい分量）

出汁 … 200mℓ
しょうゆ … 小さじ1/2
塩 … 小さじ1/3
片栗粉 … 大さじ1

＊36 kcal
（銀あんのみ全量）

＼これもおすすめ！／

銀あんのバリエーション

たとえば、オクラ、とうもろこし、しょうがなど。右記の銀あんの作り方を参照し、片栗粉を入れる前にそれぞれ好みの量を加えてサッと加熱し、とろみをつけます。

［オクラ］

輪切りにして使います。断面の星形が華やかです。

［とうもろこし］

プチプチとした食感が楽しめます。缶詰や冷凍を使っても。

［しょうが］

せん切りにして使います。すりおろしてもよいでしょう。

作り方

①

出汁で溶くと、味が薄まりません。

片栗粉は分量の出汁のうち約大さじ2で溶いておく。

②

塩を溶かしているうちに沸いた場合は、火を止めてから加えます。

鍋に出汁、しょうゆ、塩を入れて温め、塩を溶かしてから**1**をまわし入れる。

③

ダマにならないよう、混ぜながら片栗粉に火を通します。

混ぜながら弱火で加熱する。透明感が出てきてからさらに30秒ほど加熱してできあがり。オーブントースター等で温めたがんもどきにかける。

2章

不調のときに やさしいとろみ料理

疲れているときや風邪のとき、とろみのある料理はのどに心地よくいただけます。季節の変わり目には、旬の素材をいかした料理をどうぞ。

からだにやさしい うどんとおかゆ

あんかけうどん

卵入りのとろとろあんを
たっぷり絡めていただきます。

材料（2人分）

出汁 … 400mℓ
しょうゆ … 小さじ2
塩 … 小さじ1/3
片栗粉 … 大さじ2（水大さじ4で溶いておく）
卵 … 2個
うどん … 2玉
小ねぎ（好みで） … 適量

とろみは
片栗粉

作り方

1 鍋に出汁、しょうゆ、塩を入れ、煮立てる。
2 水溶き片栗粉でとろみをつけて、グツグツと30秒ほど煮たら火を止める。
3 卵を細く溶き入れ、ひと呼吸おいて全体を混ぜる。
4 ゆでたうどんにかける。好みで小口切りにした小ねぎを散らす。

＊318 kcal

2

3

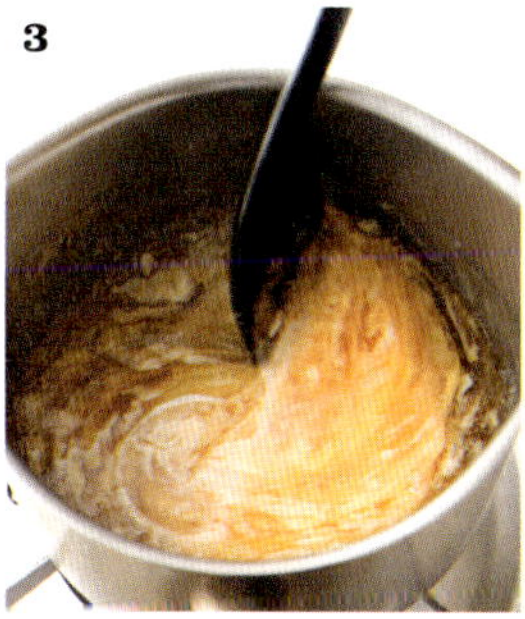

MEMO

汁に卵を溶き入れてからひと呼吸おいて、卵に火が通るのを待ちましょう。のど越しがよく消化にもよいメニュー。体力回復に必要な栄養（たんぱく質、糖質）も豊富なので、風邪のときにもおすすめです。お好みですりおろしたしょうがを加えても、おいしくいただけ、からだも温まります。

鶏出汁のおかゆ

鶏肉や野菜から出た出汁をたっぷり吸った
やさしいうまみのおかゆです。

材料（2人分）

鶏もも肉 … 100g
長ねぎ … 10cm
しょうが … 1片
にんにく … 1片
水 … 600mℓ
酒 … 大さじ1
米 … 1/2合
塩 … 適量

とろみは米

作り方

1 鶏もも肉は小さめのひと口大に切り、塩少々をふっておく。長ねぎはぶつ切りに、しょうがは薄切りにする。にんにくはつぶす。

2 鍋に分量の水、しょうが、にんにく、長ねぎを入れて火にかけ、鍋底からフツフツと沸いてきたら酒を入れ、鶏もも肉を加える。

3 洗った米を加えてひと混ぜし、沸騰したら少しずらして蓋をし、弱火で20分ほど煮る。

4 火を消して10分ほど蒸らしたら塩で味をととのえる。

＊219 kcal

日本で多く食べられている、丸みのある短粒米はでんぷんが豊富。スープにとろみをつけたいときに加えて煮込むととろみがつきます。

MEMO

具材でスープをとりながら、同時におかゆを炊く、不調のときでも簡単に作れるメニューです。鶏肉入りで栄養が豊富。長ねぎ、しょうが、にんにくが入って、からだを温める効果も期待できます。

とろとろ れんこん雑炊

すりおろしたれんこんのやさしいとろみで
するすると食べられる雑炊です。

材料（1人分）

ごはん … 75g
水 … 200mℓ
梅干し … 1個
れんこん … 100g

とろみは
ごはんと
れんこん

作り方

1 鍋にごはん、分量の水、梅干しを入れて中火にかけ、沸騰したら弱火にして蓋をし、5分ほど煮る。

2 れんこんをすりおろして**1**に加え、全体を混ぜてひと煮する。火を消して蓋をし、10分蒸らす。好みでれんこんを薄くスライスしたもの（分量外）を蒸らす際に加えるとシャキシャキとした食感も楽しめる。

＊195 kcal

2

れんこんはとくに皮の部分に炎症を沈めたり粘膜を保護する働きのあるポリフェノールが含まれます。できれば皮ごと使いましょう。

MEMO

炊いたごはんから短時間で作れる、風邪ひきさんにもやさしい雑炊です。れんこんはできれば目の細かいおろし金ですりおろすと、とろみがつきやすくなります。

季節のとろみ料理

春

新玉ねぎと納豆のふわとろサラダ

シャキシャキとした新玉ねぎを納豆のふわふわの泡で包みます。

材料（2人分）

納豆 … 1パック（40g）

とろみは納豆

納豆のたれ … 1パック分

酢 … 大さじ1

新玉ねぎ … 1/2個

ミニトマト … 4個

好みのスプラウト … 適量

作り方

1 納豆に添付のたれ、酢を入れてよく混ぜる。

2 新玉ねぎ、ミニトマトは納豆の粒と同じくらいの大きさの角切りに、スプラウトは1cm弱の長さに切る。

3 **1**と**2**をよく混ぜ合わせる。

＊70 kcal

MEMO

新生活や環境の変化などでストレスのたまりやすい春。発酵食品（納豆）で腸内環境を整えてすっきりし、ストレスにも強いからだに。玉ねぎは善玉菌のエサになるオリゴ糖を含み、腸内環境を整えます。春が旬の新玉ねぎは辛みが少なく生のままおいしくいただけてサラダに向いています。

納豆はたんぱく質などの栄養が豊富なだけでなく、消化吸収にも優れた食品です。

春

アスパラガスの酒粕ヨーグルトソースがけ

とろんとして、チーズのようなコクのあるソースです。旬の野菜と組み合わせると腸にもうれしい一品に。

材料（2人分）

グリーンアスパラガス … 1束
酒粕 … 15g
プレーンヨーグルト（無糖）… 大さじ4（60g）
塩 … 小さじ1/5（1g）

とろみは酒粕とヨーグルト

作り方

1 酒粕はちぎってヨーグルトに入れてふやかしておく。

2 アスパラガスは食べやすい長さに切り、ゆでる。

3 **1**に塩を加えてよく混ぜ、**2**にかける。

＊47 kcal

発酵食品の酒粕、ヨーグルトには、腸でよい働きをする善玉菌が含まれます。それぞれとろみ食材としても活用できます。

MEMO

アスパラガスに含まれるオリゴ糖は善玉菌のエサになり、酒粕ヨーグルトソースの善玉菌とダブルで腸の健康に働きかけます。酒粕ヨーグルトソースは野菜のほか、肉や魚介類とも相性がよいソースです。腸への効果を期待するなら、食物繊維やオリゴ糖を多く含む野菜類、豆類、海藻類などとの組み合わせがおすすめです。

夏

夏野菜のレモンあん

レモンのさわやかな酸味をきかせたあんで、暑い夏に落ちがちな食欲を刺激します。

材料（2人分）

鶏もも肉 … 200g
片栗粉 … 大さじ1
パプリカ … 1/3個
なす … 1本
オクラ … 3本
A
- 水 … 150mℓ
- 鶏がらスープの素 … 小さじ1/2
- レモン汁 … 大さじ1
- しょうゆ … 小さじ1/2
- 塩 … ひとつまみ
- **片栗粉 … 大さじ1**

とろみは片栗粉

サラダ油 … 大さじ3
レモン（輪切り／好みで） … 2枚程度

作り方

1 鶏もも肉はひと口大に切り、塩少々（分量外）をまぶす。パプリカ、なすは乱切りに、オクラは斜め半分に切る。**A**は合わせておく。

2 フライパンにサラダ油を熱し、パプリカ、オクラ、なすの順に揚げ焼きにし、取り出す。

3 油が足りなければ少々足し（分量外）、**1**の鶏肉に片栗粉大さじ1をまぶして揚げ焼きにする。

4 余分な油をキッチンペーパーでふき取り、**2**を戻し入れて全体を混ぜ、**A**を加えて混ぜながらとろみをつける。好みでいちょう切りにしたレモンを混ぜる。

＊433 kcal

MEMO

夏は食欲が落ちて、たんぱく質、ビタミン・ミネラルが不足しがちになりますが、酸味をきかせると、温かい料理でも食欲がわきます。鶏肉の代わりにえびでもおいしく作れます。

食欲増進や減塩に効果的な酸味。レモンはクセがなく万能に使えます。すだちやかぼすだと和風に、ライムだとエスニックな味わいに。

夏

冬瓜とスペアリブのとろみスープ煮

とろみのスープにスペアリブのうまみがたっぷり。からだが温まり、暑気払いにもぴったりです。

材料（2人分）

スペアリブ … 300g
塩 … 小さじ1/2
冬瓜 … 1/8個
しょうが … 1片
水 … 800mℓ
酒 … 50mℓ
塩 … 適量
片栗粉 … 大さじ1と1/2（水大さじ3で溶いておく）
〈薬味〉
　大葉 … 10枚
　みょうが … 1個
　長ねぎ … 5cm
　しょうが薄切り … 2枚

とろみは片栗粉

作り方

1 スペアリブは塩小さじ1/2をもみ込み、30分以上、できればひと晩おく。冬瓜は厚めに皮をむき、大きめのひと口大に切る。しょうが1片は薄切りにする。薬味の材料はすべてせん切りにして混ぜ、サッと水にさらして水分をきっておく。

2 スペアリブはゆでこぼし、流水でサッと洗う。鍋に分量の水、酒、しょうが、スペアリブを入れて煮立たせ、蓋をして弱火で30分煮込む。

3 冬瓜を加え、紙蓋※をして弱火で20分煮る。
※クッキングペーパーを鍋の内径に合わせて切り、何カ所か穴をあけたもの。

4 塩適量で味をととのえる。水溶き片栗粉でとろみをつけて器に盛りつけ、薬味を添える。

＊396 kcal

4

MEMO

さっぱりとした味つけで、食欲が落ちがちな夏でも肉、野菜がしっかりとれるメニュー。スペアリブは一度しっかりとゆでこぼすと、臭みや余分な脂が落ちてすっきりとしたスープになります。

秋

きのこと甘栗のポタージュ

夏の暑さで疲れた胃に、消化のよいポタージュを。濃厚な「食べるスープ」です。

材料（2人分）

しめじ … 100g
まいたけ … 50g
しいたけ … 50g
水 … 400mℓ
甘栗（皮をむいたもの）… 50g
塩 … 小さじ1/2
こしょう … 適量
オリーブオイル … 小さじ1

とろみはきのこと甘栗

作り方

1 しめじ、まいたけは小房に分ける。しいたけは薄切りにする。

2 フライパンにオリーブオイルを熱し、**1**を入れ、中火で焼きつけるようにしんなりするまで炒める。

3 分量の水を注ぎ、甘栗と塩を加えて3〜4分煮る。

4 ミキサーでペースト状にし、味を見て足りなければ塩（分量外）で調味し、こしょうをふる。

5 器に盛り、甘栗（分量外）を添え、オリーブオイル（分量外）をたらす。

＊183 kcal

MEMO

秋の食材は食物繊維が豊富。ポタージュにして消化の負担を減らし、夏の疲れが残る胃をいたわります。きのこは数種類組み合わせると、味に深みが出ます。好みのものを組み合わせてもOK。炒めるときは焼きつけるようにして、少し焦げ目をつけます。お好みで仕上げに牛乳や豆乳を加えてもおいしい。

きのこには水溶性・不溶性の食物繊維が両方含まれ、お通じ改善に効果的。甘栗も、豊富に食物繊維を含みます。

秋

やまといものオーブン焼き

やまといもの自然な粘りをいかしたメニュー。
カリカリのパン粉でとろとろ食感が引き立ちます。

材料（2人分）

やまといも … 150g　とろみはやまといも

出汁 … 大さじ2

塩 … ひとつまみ

温泉卵 … 2個

しょうゆ … 小さじ1

パン粉 … 大さじ2

青のり … 小さじ2

作り方

1 やまといもはすりおろし、出汁、塩を加えてよく混ぜる。

2 耐熱容器に**1**、温泉卵を入れ、しょうゆをまわしかける。パン粉と青のりを混ぜたものをふりかける。

3 オーブン（200～250℃）やオーブントースターでカリッと香ばしい焼き色がつくまで焼く。

＊205 kcal

消化酵素を豊富に含むため生食できるやまといも。加熱しすぎると食感が変わるので表面がカリッと焼け、中は温まる程度にしてとろとろ食感を楽しみます。

MEMO

消化がよく、胃への負担が少ないメニューです。ココットなどに入れて1人分ずつ焼いてもよいでしょう。

冬

蒸し鮭のブロッコリーソース

鮭とブロッコリーを一緒に蒸して、うまみの出た蒸し汁をソースに。米粉入りの豆乳でとろみをつけたやさしい味です。

材料（2人分）

ブロッコリー … 1/2個
生鮭（切り身） … 2切れ
成分無調整豆乳 … 100mℓ
米粉 … 大さじ1/2
白ワイン … 50mℓ
塩 … 適量
こしょう … 適量

とろみは米粉

作り方

1 ブロッコリーは粗みじんに切る。鮭に塩少々をふって10分ほどおき、水気をふき取る。豆乳に米粉を溶いておく。

2 フライパンにブロッコリー、鮭、白ワインを入れて中火にかけ、煮立ったら弱火にし、蓋をして5分ほど蒸し煮にする。

3 火を止めて鮭を取り出し、ブロッコリーをへらなどでつぶす。米粉を溶いた豆乳を加え、とろみがつくまで弱めの中火で煮る。塩、こしょうで味をととのえ、鮭にかける。

＊172 kcal

ブロッコリーは冬が旬で、免疫力を高めるビタミンCが豊富。うまみも強く、蒸し汁ごといただく料理や丸ごとすりつぶす調理法にぴったり。

MEMO

鮭の豊富なたんぱく質に、ブロッコリーのビタミンCで、風邪のひき始めや、快復期にもおすすめのメニューです。

冬

ほうれん草のポタージュ

ほうれん草の甘みがうれしいポタージュ。
じゃがいものとろみでからだが温まります。

材料（2〜3人分）

ほうれん草 … 1束
玉ねぎ … 1/4個
じゃがいも … 小1個　とろみはじゃがいも
牛乳 … 150mℓ
塩 … 小さじ1/2＋適量
こしょう … 少々
オリーブオイル … 小さじ1
クルトン（食パンを8mm角程度に切りオーブントースターで焼く）… 適量

作り方

1 ほうれん草はゆでて適当な長さに切る。玉ねぎ、じゃがいもは薄切りにする。

2 鍋にオリーブオイルを熱し、弱火で玉ねぎを炒める。玉ねぎが透き通ってきたらじゃがいもを加えて混ぜ、油をまわす。かぶるくらいの水（分量外）、塩小さじ1/2を加えてじゃがいもがやわらかくなるまで弱火で煮る。粗熱をとる。

3 2（煮汁ごと）、ほうれん草をミキサーでなめらかなペースト状にする。鍋に戻し入れ、牛乳を加えて温め、塩、こしょうで味をととのえる。器に盛り、クルトンを添える。

＊121 kcal（1/2量）

ほうれん草は冬が旬。葉が肉厚になって甘みも強くなり、ポタージュにしてもしっかりとおいしさを楽しめます。

MEMO

ほうれん草のビタミンAに、じゃがいものビタミンCをプラス。たんぱく質源の牛乳も入った、栄養価の高いスープです。牛乳はお好みで豆乳に替えてもOK。

気軽にとろみをとり入れる

好みの飲み物と葛粉で、気軽に作れる葛湯風ドリンク。
そのまま冷やすとゼリー状になるので、デザートとしても楽しめます。

りんごジュースの葛湯

気持ちがほぐれる甘酸っぱい葛湯。
シナモンパウダーやすりおろしたしょうがも合います。

材料（1人分）

りんごジュース … 200mℓ

葛粉 … 10g

＊123 kcal

作り方

1 葛粉は大きなかたまりがあればつぶす。鍋に入れ、少量のりんごジュースを加えて溶く。

2 葛粉の粒がない状態にする（粒があるとなめらかに仕上がらない）。

3 粒がなくなったら残りのりんごジュースを少しずつ加えてよく混ぜる。

4 弱めの中火にかけ、ダマにならないように混ぜながらとろみがつくまで加熱する。

5 徐々にとろみがついてツヤが出てくる。

6 透明感が出てから30秒ほど混ぜてよく火を通し、できあがり。

MEMO チャイやハーブティーなどに葛でとろみをつけてもおいしくいただけます。

3章

とろみでヘルシー
ごはんと麺、おつまみ、たれ

満足感があっても低カロリーな丼や、ノンオイルドレッシングなど、
とろみをいかしたヘルシーメニューが満載です！

とろみで満足度アップ！

低カロ・ワンプレートごはん

490 kcal

卵と野菜のケチャップあんかけごはん

甘酸っぱいケチャップ味で、オムライスの味わい！
手軽に作れて野菜もたっぷりとれます。

材料（2人分）

卵 … 2個
玉ねぎ … 1/4個
ピーマン … 1個
なす … 1本
エリンギ … 40g
ミニトマト … 4個

A
- 水 … 200mℓ
- 鶏がらスープの素 … 小さじ1/3
- トマトケチャップ … 大さじ4
- 塩 … 小さじ1/4
- こしょう … 少々
- **片栗粉 … 大さじ1**

とろみは片栗粉

サラダ油 … 大さじ1
温かいごはん … 2人分（300g）

作り方

1 玉ねぎ、ピーマン、なす、エリンギは1cm角に切る。トマトは煮崩れる分、玉ねぎなどよりも少し大きく切る。**A**は合わせておく。

2 フライパンにサラダ油小さじ2を熱し、溶いた卵を流し入れて数個のかたまりに分けて焼き、取り出す。

3 サラダ油小さじ1を熱し、玉ねぎを炒め、透き通ってきたらなすとエリンギを加え、さらに炒める。ピーマンとミニトマトを加えて卵を戻し入れ、**A**を加え、混ぜながらとろみがつくまで煮る。

4 器にごはんを盛り、**3**をかける。

MEMO

細かく切った野菜はごはんになじみやすく、それをあんがまとめてくれて食べやすくなります。野菜はお好みのものでOK。ミックスベジタブルを使ってもよいでしょう。

坦々白菜あんかけごはん

豆乳とみそを使い、コクがあるのにカロリー控えめ。とろみがしっかりごはんに絡んで、食べごたえも抜群！

材料（2人分）

豚ひき肉 … 60g
白菜 … 200g
にら … 2茎
しょうが … 1片
豆板醤《トウバンジャン》 … 小さじ2
水 … 300mℓ
みそ … 大さじ1
成分無調整豆乳 … 100mℓ
塩 … 少々
片栗粉 … 大さじ1と1/2（水大さじ3で溶いておく）
ごま油 … 大さじ1/2
温かいごはん … 2人分（300g）
すりごま（白） … 小さじ2
糸唐辛子（好みで） … 適量

とろみは片栗粉

作り方

1 白菜は繊維を断つように細切りにする。にらは1cm長さに切る。しょうがはみじん切りにする。

2 フライパンにごま油を熱し、しょうがを香りが出るまで炒めたら豆板醤を加えてさらに炒め、ひき肉を加えて中火でポロポロになるまで炒める。

3 白菜を加えて炒め、しんなりしたら分量の水を加えて5分ほど煮る。みそを溶いた豆乳を加えてひと煮したら、にらを加え、塩で味をととのえる。水溶き片栗粉でとろみをつける。

4 器にごはんを盛り、**3**をかける。すりごま、好みで糸唐辛子をふる。

MEMO

白菜は繊維を断つように切るとやわらかくとろとろになり、ごはんとなじみやすくなります。シャキッとした食感がお好みなら繊維に沿って切っても。鶏ひき肉を使うとあっさりとした仕上がりに。豆板醤はお好みの量で辛さを調節してください。

465 kcal

427 kcal

くずし豆腐のあんかけごはん

えのきたけと干しえびのうまみがきいた、やさしい味わいのあんです。
たっぷりかけても低カロリー！

材料（2人分）

豆腐 … 1丁（350g）
えのきたけ … 1/2株
干しえび … 小さじ2
塩 … 小さじ1/3
片栗粉 … 大さじ1/2（水大さじ1で溶いておく）
ごま油 … 大さじ1
温かいごはん … 2人分（300g）
粗びき黒こしょう … 少々

とろみは
片栗粉

作り方

1 えのきたけは1cm長さに切る。

2 フライパンにごま油小さじ2をひき、弱火で干しえびを香りが出るまで炒め、えのきたけを加えてさらに炒める。

3 豆腐を加え、細かく崩しながら中火で炒める。塩で味をととのえる。水溶き片栗粉でとろみをつける。

4 器にごはんを盛り、**3**をかける。粗びき黒こしょう、残りのごま油をかける。

MEMO

豆腐に塩味だけでは淡白ですが、干しえびやきのこのうまみをきかせると、ごはんに負けない味になります。仕上げに少量かけるごま油の香りも、満足度を高めるポイント。

和風あんかけ焼きそば

和風だしがベースのあんで、具は油揚げと長ねぎというシンプルさ。
飽きのこない組み合わせで、さっぱりたっぷり食べられます。

材料（2人分）

油揚げ … 1枚
長ねぎ … 1本
出汁 … 200mℓ
しょうゆ … 大さじ1
みりん … 大さじ1
塩 … 少々
片栗粉 … 大さじ1（水大さじ2で溶いておく）
焼きそば麺 … 2玉
ごま油 … 小さじ2
青ねぎ（好みで）… 適量
七味唐辛子（好みで）… 適量

とろみは
片栗粉

作り方

1 油揚げは油抜きをして縦半分に切り、細切りにする。長ねぎは斜め切りにする。

2 鍋に出汁、しょうゆ、みりんを入れて煮立たせ、油揚げと長ねぎを加える。弱火で具材がやわらかくなるまで煮たら、塩で味をととのえ、水溶き片栗粉でとろみをける。

3 ごま油で両面をカリッと焼いた焼きそば麺の上にかけ、好みで青ねぎと七味唐辛子をふる。

2

MEMO

ごはんにかけて丼にしたり、ゆでたうどんにかけてもおいしくいただけます。

478 kcal

素材でヘルシー
とろとろディップ

素材の自然なとろみを
いかしたディップ。
たっぷりつけてもヘルシーで、
きれいな色は
パーティーにもぴったり。

なすのブラックディップ
豆腐クリームのディップ
アボカドわさびディップ
スモークサーモンとヨーグルトのディップ

豆腐クリームのディップ

隠し味のごまで
とてもマイルド

材料（作りやすい分量）

木綿豆腐 … 1/2丁（175g）
練りごま（白）… 大さじ1
にんにく … 少々
塩 … 小さじ1/3

作り方

1 木綿豆腐はキッチンペーパーで表面の水分をふき取る。
2 フードプロセッサーにすべての材料を入れてなめらかになるまで撹拌する。＊236 kcal（全量）

アボカドわさびディップ

しょうゆとわさ
びの和風味

材料（作りやすい分量）

アボカド … 1個
おろしわさび … 小さじ1/2
牛乳 … 80mℓ
しょうゆ … 1〜2滴
塩 … 小さじ1/3

作り方

1 アボカドは種と皮を取る。
2 ミキサーまたはフードプロセッサーにすべての材料を入れてなめらかになるまで撹拌する。
＊252 kcal（全量）

※わさびの量はお好みで調整してください。

スモークサーモンとヨーグルトのディップ

さわやかな酸味
が後を引きます

材料（作りやすい分量）

プレーンヨーグルト（無糖）
… 1パック（400g）
スモークサーモン … 40g
塩 … 少々

作り方

1 ヨーグルトはひと晩水をきる。
2 ミキサーまたはフードプロセッサーに**1**、スモークサーモンを入れてなめらかになるまで撹拌する。塩で味をととのえる。
＊361 kcal（全量）

なすのブラックディップ

なすの風味が凝
縮されています

材料（作りやすい分量）

なす … 2本
ごま油 … 大さじ1
塩 … 小さじ1/4
粗びき黒こしょう … 適量

作り方

1 なすは小さめの乱切りにする。
2 フライパンにごま油を熱し、なすを炒める。油がまわったら蓋をしてなすがやわらかくなるまで蒸し焼きにする。
3 フードプロセッサーでなめらかになるまで撹拌する。塩、たっぷりの粗びき黒こしょうを加えて味をととのえる。＊155 kcal（全量）

\ サッと一品！ /

ディップの活用アイデア

豆腐クリームのディップで

活用1 白和え風に

好みの野菜を和えるだけ！
旬の果物を和えてもおいしい。

材料（2人分）と作り方

好みのゆで野菜（写真は小松菜80g）を豆腐クリームのディップ（右ページ）1/2量で和える。

＊71 kcal

アボカドわさびディップを

活用2 パスタソースに

ディップがコクのあるパスタソースに変身！
トマトの酸味がアクセント。

材料（2人分）と作り方

1 スパゲッティ200gをゆで、アボカドわさびディップ（右ページ）全量で和える。

2 器に盛り、好みでカットしたミニトマト、アボカド各適量をトッピングする。

＊514 kcal

これもおすすめ！

スモークサーモンとヨーグルトのディップで
ポテトサラダのマヨネーズ代わりに。お好みの具と合わせてサンドイッチや生春巻きに使っても。

なすのブラックディップで
パスタを和えたり、ゆでたじゃがいも、豚肉、鶏肉、オムレツに添えても。

素材のとろみで
ノンオイルドレッシング

ノンオイルでもよく絡む
ヘルシーなドレッシングです。
野菜サラダだけでなく、
肉や海鮮の入ったサラダにも
おすすめです。

にんじんドレッシング

りんごの甘みとくるみのコクがポイント！

＊147 kcal（全量）

材料（作りやすい分量）

にんじん … 1本
くるみ … 10g
りんごジュース … 100mℓ
塩 … 小さじ1/2

作り方

1 にんじんは薄切りにする。
2 ミキサーにすべての材料を入れてなめらかになるまで撹拌する。

出汁ドレッシング

ほんのり酸味がさわやかな、うまみたっぷりドレッシング。

＊41 kcal（全量）

材料（作りやすい分量）

出汁 … 200mℓ
酢 … 小さじ1
塩 … 小さじ1/4
葛粉 … 10g

作り方

1 葛粉を出汁少量（分量の一部）で溶く。葛粉の粒がなくなったら鍋に材料をすべて合わせ、弱めの中火で混ぜながらとろみがつくまで加熱する。
2 冷蔵庫で冷やし固める。使う際によく混ぜてジュレ状にする。

＊冷やすと白っぽく濁りますが、常温に少しおくと透明感が出てきます。

もずくドレッシング

ピリッとした粒マスタードがアクセント！

＊43 kcal（全量）

材料（作りやすい分量）

もずく … 80g
粒マスタード … 小さじ2
酢 … 小さじ2
しょうゆ … 大さじ1
水 … 大さじ2

作り方

すべての材料を合わせてよく混ぜる。

＼使い方いろいろ！／

ドレッシングの活用アイデア

サラダにかけて

活用1　にんじんドレッシングで

グリーンサラダ

ボリューム感のあるにんじんドレッシングはたっぷりかけるとおいしい！

材料（2人分）

グリーンリーフ … 2〜3枚

ベビーリーフ … 1袋

にんじんドレッシング（p.105）
… 1/4量

作り方

1 グリーンリーフは食べやすい大きさにちぎり、ベビーリーフと合わせる。

2 器に盛り、にんじんドレッシングをかける。

＊24 kcal

活用2 出汁ドレッシングで

刺身サラダ

上品な出汁の風味で、
お刺身が割烹風の一品に！

材料（2人分）

鯛の刺身 … 2人分（160g）
出汁ドレッシング（p.105）
… 1/2量

作り方

1 出汁ドレッシングで鯛の刺身を和える。

2 器に盛り、好みですだちの輪切り（分量外）を添える。

＊127 kcal

活用3 もずくドレッシングで

トマトサラダ

相性のよいもずくとトマトの組み合わせに、
粒マスタードの刺激が新鮮！

材料（2人分）

トマト … 1個
もずくドレッシング（p.105）
… 1/4量

作り方

1 トマトは縦半分に切りスライスする。

2 器に盛り、もずくドレッシングをかける。好みでスプラウト（分量外）を添える。

＊19 kcal

4章

いろいろな食材にかけておいしい
減塩万能とろみあんかけ

うまみをきかせたあんかけは、塩分控えめでも満足感がしっかり。好みの肉や魚介、野菜に合わせて、毎日の食事に気軽にとり入れられます。

減塩Point

ここで紹介している減塩あんは、1食（レシピ1/2量）あたり塩分が0.5〜0.75g。これはしょうゆ小さじ1杯の塩分（約0.9g）よりも控えめです。好みの肉や魚介、野菜にかければ、ボリュームたっぷりで満足度の高いおかずが完成します。

きのこバターあん

ポテトあん
甘酢あん
トマトあん
ミルクあん

万能あんかけ
トマトあん

トマトのうまみと甘酸っぱさに食がすすみます！

材料（作りやすい分量）

トマト … 1個
玉ねぎ … 1/4個
しょうが … 1片
片栗粉 … 小さじ1
（水小さじ2で溶いておく）
塩 … ひとつまみ
サラダ油 … 小さじ1

とろみは片栗粉

作り方

1 トマトは角切りに、玉ねぎ、しょうがはみじん切りにする。

2 フライパンにサラダ油としょうが、玉ねぎを入れて中火にかけ、水分が飛ぶまで炒める。

3 トマトを加えてさらに炒め、形が崩れてきたら塩で味をととのえる。

4 水溶き片栗粉でとろみをつける。

＊98 kcal　塩分1.0g（全量）

MEMO

肉や魚介、豆腐にかけてどうぞ。オムレツにかけてもおいしい。

活用

蒸したたらにかけて

さっぱりとした蒸し魚にトマトの酸味がさわやか。
えびやいかなど、ほかの魚介でもおいしくいただけます。

材料（2人分）

生たら（切り身）… 2切れ
さやいんげん … 2～3本
トマトあん … 右ページ全量

作り方

1 たら、さやいんげんは食べやすい大きさに切り、蒸気の上がった蒸し器で5分ほど蒸す。

2 器に盛り、トマトあんをかける。

＊114 kcal　塩分0.9g

万能あんかけ ポテトあん

じゃがいものでんぷんで、自然なとろみのあんに。

材料（作りやすい分量）

じゃがいも … 中1個
出汁 … 150㎖
塩 … ひとつまみ
こしょう … 少々

とろみは
じゃがいも

作り方

1 じゃがいもは皮をむいて薄切りにする。鍋に出汁とともに入れ、弱めの中火で煮崩れるほどにやわらかくなるまで煮る。

2 火を止めてじゃがいもをつぶす。塩、こしょうで味をととのえる。

＊80 kcal　塩分1.1g（全量）

1

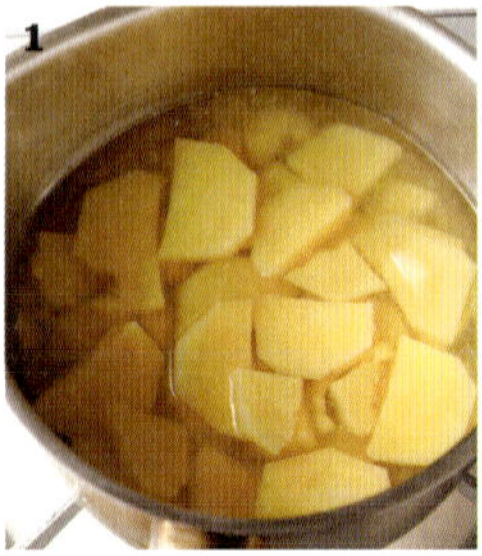

2

MEMO

蒸し鶏や鶏のから揚げ、豚肉のソテー、牛肉のステーキ、ローストビーフなど、肉と好相性のあんです。

活用

鶏肉のソテーにかけて

カリッと焼き上げた鶏肉に、なめらかなじゃがいもがよく絡みます。
出汁がきいているのでうまみもたっぷり。

材料（2人分）

鶏もも肉 … 1枚
塩 … 少々
こしょう … 少々
サラダ油 … 適量
ポテトあん … 右ページ全量

作り方

1 鶏もも肉は半分の大きさに切り、塩、こしょうをふる。

2 1をサラダ油を熱したフライパンでソテーし、食べやすい大きさに切り分ける。

3 器に盛り、ポテトあんをかける。お好みで青のり（分量外）をふる。

＊357 kcal　塩分0.9g

万能あんかけ ミルクあん

牛乳と白みそのダブルのうまみで味わい深く！

材料（作りやすい分量）

牛乳 … 100mℓ

水 … 100mℓ

白みそ … 大さじ1

塩 … 少々

こしょう … 少々

米粉 … 大さじ1

とろみは米粉

MEMO

野菜、肉、魚介、豆腐、卵料理によく合います。白味噌がない場合は普通のみそでも。その場合、最初は少なめに混ぜて味を見ながら調整してください。

作り方

1 鍋にすべての材料を入れ、よく混ぜる。中火にかけ、混ぜながら加熱する。

2 沸騰後、フツフツというくらいの火加減にして少し煮詰めるように30秒〜1分ほど加熱してとろみをつける。

＊137 kcal　塩分1.5g（全量）

1

2

活用

蒸し野菜にかけて

ミルクのやさしい甘みと軽い塩気が野菜を包みます。
野菜は好みのものでどうぞ。

材料（2人分）

さつまいも … 1/2本（100g）
かぶ … 1個（60g）
ブロッコリー … 4房（80g）
ミルクあん … 右ページ全量

作り方

1 さつまいもは1cm程度の輪切りに、かぶはくし形に切る。ブロッコリーは小房に分ける。蒸気の上がった蒸し器でやわらかくなるまで蒸す。

2 器に盛り、ミルクあんをかける。

＊157 kcal　塩分0.9g

万能あんかけ甘酢あん

酸味をきかせて、塩分控えめでもおいしい味のバランスに。

材料（作りやすい分量）

玉ねぎ … 1/4個

A
- 出汁 … 150mℓ
- 米酢 … 大さじ2
- みりん … 大さじ2
- 塩 … 少々
- しょうゆ … 小さじ1/2

片栗粉
… 大さじ1弱

とろみは片栗粉

ピーマン、パプリカ
… 各適量

MEMO

肉や魚、豆腐にもぴったり。さっぱりとしているので、揚げ物にも好相性です。ピーマン、パプリカはとろみをつけたあとに加えましょう。余熱で適度に火が通ります。

作り方

1 玉ねぎは薄切りにする。**A**は合わせておく。片栗粉は合わせた**A**約大さじ2杯で溶いておく。ピーマン、パプリカは細切りにする。

2 鍋に**A**と玉ねぎを入れて煮立て、玉ねぎが透き通るまで弱火で煮る。

3 **1**の片栗粉をまわし入れ、とろみをつける。ピーマン、パプリカを加える。

＊139 kcal　塩分1.1g（全量）

活用

焼いた厚揚げにかけて

カリッと焼いた厚揚げに、とろーりあんかけ。
野菜のシャキシャキとした歯ごたえがアクセントです。

材料（2人分）

厚揚げ … 1パック（280g）
甘酢あん … 右ページ全量

作り方

1 厚揚げは食べやすい大きさに切り、フライパンでこんがりと焼く。

2 器に盛り、甘酢あんをかける。

＊280 kcal　塩分0.8g

万能あんかけ
きのこバターあん

バターのコクときのこのうまみで、おいしく減塩！

材料（作りやすい分量）

えのきたけ … 50g
しいたけ … 20g
しめじ … 30g
A［出汁 … 200mℓ
　 しょうゆ … 小さじ1
片栗粉
… 大さじ1弱　とろみは片栗粉
バター … 10g
粗びき黒こしょう（好みで）
… 適量

MEMO

肉や魚介、豆腐などのほか、ごはんやゆでたうどんにかけてもおいしい。粗びき黒こしょうを加えると味が引き締まります。

作り方

1 えのきたけは4cm長さに切る。しいたけは薄切りに、しめじはほぐす。片栗粉は合わせた**A**約大さじ2で溶いておく。

2 鍋にバターを熱し、**1**のきのこを入れて中火で焼きつけるように炒める。

3 **A**を加えてひと煮立ちさせたら、**1**の片栗粉をまわし入れ、とろみをつける。好みで粗びき黒こしょうをふる。

＊129 kcal　塩分1.3g（全量）

活用

揚げ餅にかけて

香ばしい揚げ餅にうまみのあるあんをたっぷり絡めて。
ほんのり感じるバターの風味に満足度アップ！

材料（2人分）

切り餅 … 2個
揚げ油 … 適量
きのこバターあん … 右ページ全量

作り方

1 餅は半分に切り、170℃程度の油でぷっくりとふくらむまで揚げる。
2 器に盛り、きのこバターあんをかける。

＊205 kcal　塩分0.7g

＼混ぜるだけ！／

とろみのつけつゆ4種

つけつゆ
1

塩味山いもとろろ

さっぱりとした長いもに、出汁と干しえびのうまみをきかせて！

材料（2人分）

長いも（すりおろす）… 80g
出汁 … 120g
干しえび … 大さじ1
塩 … 小さじ1/3

作り方

すべての材料をよく混ぜる。
＊31 kcal　塩分1.1g

MEMO

冷たいそうめんやそばに。つゆを軽く温めてもおいしい。

つけつゆ
2

ピリ辛納豆

ひきわり納豆で絡みのよいたれに。ラー油の辛みが納豆のクセを和らげます。

材料（2人分）

ひきわり納豆 … 2パック（80g）
出汁 … 120㎖
しょうゆ … 小さじ2
ラー油 … 適量
刻みのり … 少々

作り方

すべての材料をよく混ぜる。
＊89 kcal　塩分1.0g

MEMO

冷たいそばやうどんに。ぶっかけにしてもおいしい。

つけつゆ 3

MEMO

冷たいそうめんにおすすめ。お好みでごまをふってもおいしい。

とろろ昆布酢

さっぱりとした酸味が暑い日にぴったり！しょうがの香りもポイント。

材料（2人分）

とろろ昆布（細かくほぐす）…ひとつまみ
しょうが（みじん切り）… 少々
出汁 … 200mℓ
しょうゆ … 小さじ2
酢 … 小さじ2

作り方

すべての材料をよく混ぜる。
＊11 kcal　塩分1.1g

オクラごま豆乳

ダブルのごまと豆乳でコクのあるつけつゆ。オクラの粘りが麺に絡みます！

材料（2人分）

成分無調整豆乳 … 200mℓ
みそ … 大さじ1
すりごま（白）… 小さじ2
練りごま（白）… 小さじ2
オクラ（みじん切り）… 2本分

作り方

すべての材料をよく混ぜる。
＊121 kcal　塩分1.1g

つけつゆ 4

MEMO

冷たいそうめんやそば、うどんにおすすめ。お好みで七味唐辛子をふっても。

素材の甘みがうれしい
とろみのデザート

かぼちゃ甘酒汁粉

素材の自然なとろみと甘みをいかしたスイーツ。
温かいままでも冷たくしてもおいしい。

材料（2人分）

とろみはかぼちゃ

かぼちゃ … 1/8個
水 … 100mℓ
甘酒 … 200mℓ
白玉団子（好みで） … 適量
ごま（白／好みで） … 適量

作り方

1 かぼちゃは種とわたを除いて皮をむき、小さめの角切りにする。

2 鍋に分量の水と**1**を入れ、蓋をしてかぼちゃがやわらかくなるまで蒸し煮にする。

3 ミキサーに**2**と甘酒を入れてなめらかになるまで撹拌し、鍋に戻し入れて温める。濃度が強ければ水（分量外）を加えてのばす。

4 器に盛り、好みで白玉団子、白ごまをトッピングする。

＊239 kcal

甘酒はビタミンなどの栄養が豊富で「飲む点滴」とも。かぼちゃはビタミンAを多く含みます。

MEMO

もっと甘みが欲しければ、きび糖などで甘みを足してください。ミキサーにかけず、フォークなどでつぶしてあえて少しかたまりを残してもよいでしょう。

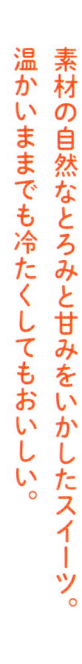

フルーツの白ワイン葛あんかけ

ワインの香りが華やかなぷるぷるの葛あんで
フレッシュフルーツを包みます。

材料（2人分）

水 … 100mℓ
白ワイン … 100mℓ
レモン汁 … 小さじ1
砂糖 … 大さじ1と1/2
葛粉 … 10g
好みのフルーツ … 適量

とろみは葛粉

作り方

1 葛粉は大きなかたまりをつぶす。分量の水のうち少量を葛粉に加え、粒がなくなるまで溶く。

2 鍋にフルーツ以外の残りの材料を入れ、**1**を加えてよく混ぜる。

3 弱めの中火にかけ、混ぜながら加熱する。

4 とろみがつき透明感が出たら保存容器などに移し、冷蔵庫で冷やし固める。

5 よく混ぜてジュレ状にし、フルーツにかける。

＊139 kcal

1

3

MEMO

白ワインは加熱してアルコール分を飛ばして使ってもよいでしょう（沸騰してから弱火で5分ほど煮る）。その場合、蒸発して分量が減るため、あらかじめ150～200mℓの白ワインを用意し、100mℓを使用してください。フルーツは好みのものでOKです。スーパーなどで売っているカットフルーツの盛り合わせを使っても。

豆まめとろとろムース

煮豆の甘みで食べる、豆尽くしのデザート。
上下を混ぜながらいただきます。

材料（2人分）

絹ごし豆腐 … 1/2丁（175g）

黒豆の甘煮（市販）
… 80g＋適量（好みで／飾り用）

成分無調整豆乳 … 80mℓ

とろみは
豆腐と黒豆

MEMO

豆腐も黒豆も、大豆イソフラボンが含まれ、女性にうれしい食材です。そのまま食べてもおいしいですが、デザートにすると違った味わいを楽しめます。

作り方

1 絹ごし豆腐はしっかりと水気をきる。ミキサーにかけてなめらかなペースト状にする。

2 黒豆の甘煮80gは汁ごとミキサーに入れ、豆乳を加えてなめらかなペースト状にする。

＊黒豆の甘煮は製品によって水分量が変わるので、豆乳は分量を目安に加減しながら加えてください。

3 器に**1**、**2**を重ねて盛りつける。好みで黒豆を飾る。

＊149 kcal

トマトバナナスムージー

トマトのすっきりとした酸味にバナナのコクがぴったり！
ほどよい甘みでたっぷり飲んでも飽きません。

材料（1人分）

トマト … 1/2個
バナナ … 1本
プレーンヨーグルト（無糖）
… 100g

とろみは全部

作り方

1 トマトは種を取り出し、ざく切りにする。バナナは適当な大きさに切る。

2 ミキサーに1、ヨーグルトを入れてなめらかになるまでよく撹拌する。

3 グラスに注ぎ、好みでハーブ（分量外）を添える。

＊162 kcal

MEMO

トマトとバナナは完熟したものを使い、自然の甘さをいかします。

吉澤まゆ（よしざわ まゆ）

女子栄養大学卒業後、管理栄養士として、給食施設での献立作成や調理業務、特定保健用食品等の食品試験に関わる業務、出張料理や料理教室講師など様々な業務に携わる。「決して特別な日のごはんではなく、毎日食べたいココロもカラダもマンゾクするものを。」をモットーにフリーランスの管理栄養士として［GOHAN-MAYU］の屋号で活動中。よりおいしく、より健康的に、より手軽に、多くの方が、食を味方につけて豊かな生活を送れるよう、料理の経験と栄養学の知識をいかし、食に関する相談業務やセミナー、レシピ提供、コラム執筆等を精力的に行っている。

ホームページ　https://gohan-mayu.com

STAFF

撮影　柿崎真子

スタイリング　佐藤朋世

イラスト　ヤマグチカヨ

デザイン
菅谷真理子、髙橋朱里（マルサンカク）

校正　みね工房

編集　株式会社童夢

からだが温まる

とろみのレシピ

著　者　吉澤まゆ

発行者　池田士文

印刷所　図書印刷株式会社

製本所　図書印刷株式会社

発行所　株式会社池田書店
〒162-0851　東京都新宿区弁天町43番地
電話03-3267-6821（代）
振替00120-9-60072

落丁・乱丁はおとりかえいたします。

ISBN978-4-262-13046-0

19000010